du Vendredy 9 7bre

Il y eut le soir une assemblée générale des
quatre Semestres de Messieurs du Chatelet,
au sujet de quelques Ecrits qui leur furent
denoncés, avec deffences cependant de sévir
Contre deux desd. Ecrits; malgré cette deffence,
ils Voulurent deliberer à cette occasion, Contre
L'avis de M. Le Lieutenant Civil et des Gens
du Roy qui se retirerent; sur la perseverance
des autres Conseillers; Cette retraite donna lieu
à l'élection d'un President; M. Roger
de Monturhier fut élu, ensuite il fut deliberé,
que l'un de ces deux Ecrits seroit brulé par la
main du bourreau, ce que l'on dit avoir été
executé sur le champ; on pretend que cet Ecrit
Est une mauvaise brochure qui parut il y a
quelque temps, sous le titre (apologie du
Clergé) Ce fait n'a pas été rendu public;
Mais il est notoire que M. Roger élu
president par la Compagnie, a été arresté et
Conduit le lendemain Samedy matin, à la Bastille.

Cet acte judiciaire fait craindre la retraite entière des autres Conseillers.

Ils ont fixé leur assemblée a Jeudy prochain on attend le resulttat de leur deliberation, mais auparavant, ils doivent se decider sur L'enregistrement de L'Edit de creation d'une Chambre Royale, autre Embarras pour eux.

à Paris Le 12 9bre 1750.

Monsieur

J'ay tardé à vous écrire pour pouvoir vous mander des nouvelles assurées, voicy le detail de ce qui s'est passé depuis Jeudy dernier au chatelet.

M.rs de la Chambre Royalle ont confirmé une Sentence rendüe au Chatelet qui condamne un criminel à être rompu, et ont renvoyé le coupable à son premier jugement pour être executé. M. Guerry devois [Lieutenant] particulier et de moi au Criminel conjointement avec M. Milon son raporteur ont fait refus d'executer l'arrest de la Chambre Royalle, ce qui fut leur a occasionné au premier un decret d'ajournement personnel et au second un decret de prise de corps au quel on a joint un ordre particulier de la force mais qui n'a pas cependant été executé, car le jeudy au soir pouvûe qu'on le questoit, il a trouvé le moyen de se sauver et de se cacher, en sorte que l'Exempt chargé des ordres de l'arrêter n'a pas executé Sa commission. Le vendredy matin me p[rès]cu[rs]. les conseillers arrivés à l'heure ordinaire pour tenir les audiences apprirent les nouvelles de ces deux decrets, ce qui les determina, ne pouvants pas s'assembler vû les lettres de cachets qui leur interdisent toute assemblée, à se retirer, ce qu'ils executerent et auparavant ils dresserent entr'eux les motifs de leur retraite qu'ils laisserent à M. le Lieutenant civil et à m.e Lenoir Lieutenant particulier qui tous deux fort surpris de cette retraite ne laisserent pas de rester au chatelet le tems ordinaire. voyés les motifs de la retraite.

Du 7 Xbre 1753.

Les motifs de la Compagnie sont que l'Interdiction de s'assembler, de deliberer, le deffaut de liberté dans leurs suffrages, le decret decerné contre un de ses chefs, la detention d'un de ses conseillers, les ordres donnés contre un autre, le peu de sureté des membres qui la composent, la penetrent de la plus vive douleur, et que les malheurs dont elle est environnée l'afflictent à un tel point qu'elle n'a pas la presence d'esprit necessaire pour rendre la justice; que dans des circonstances aussi tristes sa consience ne luy permet pas de prononcer sur des objets aussi importants que la fortune, l'honneur et la vie même de ses concitoyens.

Cette retraite hardie de Mrs du Chatelet a operé un bien pour eux puisque jusqu'alors on leur avoit interdit toutte assemblée et que lundy ils reçeurent des lettres de cachets qui leur permettent de s'assembler et cependant leur ordonne de reprendre leur fonctions. en consequence dud. nouveau ordre ils se sont assemblés hier. voicy leur arresté.

attendu la permission donnée de deliberer et d'écouter favorablement leurs representations la Compagnie a arresté qu'elle reprendroit ses fonctions et perseverant neanmoins dans leurs precedents arrestés, ils ont nommé des commissaires pour dresser lesd. representations et l'assemblée a eté continuée à Mardy prochain.

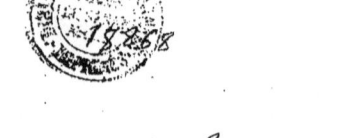

Je vous envoye les trois derniers feuilles des nouvelles Ecclesiastiques avec la lettre contenant la relation de l'Emprisonnement de M. de Montrichar, et qui a occasionné celuy de M. l'abbé Duflos, non pas le bonamy de Mad.e Querre Querre mais d'un autre qui demeuroit dans l'Isle che M. Pelletier conseiller au Chatelet; je vous enverray au premier jour deux pieces qui paroissent depuis peu l'une en faveur du Clergé, ce sont les lettres sur les remontrances du Parlem.t de Paris, elles sont bien écrittes on les dit estre de Dom Lataste je les ay prêtés mais on doit me les rendre bientost, cette lecture vous fera plaisir mais encore plus celle des iteratives Remontrances du parlement de Rouen, on m'en a dit bien bien infiny; je ne les ay pas encore mais on doit me les faire avoir elles sont fort hardies; je vous prie, si vous avez une occasion, de me renvoyer ce que vous avez à l'Reception du mandement de l'Evêque de Montauban dont j'ay absolument besoin. J'ay l'honneur d'être très parfaitement Monsieur Votre très humble Serviteur.

J'ay pris la quatie

Cy joint une lettre pour M. de Rougemont que je vous prie de luy remettre. Comme c'est par un cocher des carosses que je vous envoye ce paquet je vous prie de m'en accuser la reception.

Mardy dernier, malgré les lettres de cachet que Mrs. du Chatelet avoient reçu qui leur deffendoient de faire aucunnes representations, les 27. articles qui furent proposés par les commissaires nommés a cet effet dans l'assemblée precedente, il en futs arresté 7. qui furent regardés comme les plus essentiels et en consequence la Compagnie chargea les mêmes commissaires de les rediger. Mr. le Lieutenant civil, dont les demarches sont toujours opposées à celles de sa Compagnie, voyant sa determination à faire des representations malgré les ordres de la Cour, demanda qu'on luy donna copie des articles arrestés; l'usage qu'il vouloit en faire fust prevu et l'eut le desagrement de se l'avoir refusé. l'assemblée finit. Mr. le Lieutenant civil jouant toujours le role detentateur s'etoit muni de deux lettres qu'il avoit ecrit pour Mrs. de Farcy et S. thouin deux des commissaires chargés de rediger les representations, ces deux lettres contenoient une priere de sa part pour chacun d'eux de se rendre chez luy qu'il avoit dit à faire a leur communiquer; il les remirent chacun leur lettre que Mr. le Lieutenant civil leur glissa a peu maladroitement en sortant. leur surprise de cette action estoit si grande Mrs. de rentrer pour leur demander avis sur ce qu'ils avoient à faire et s'ils repondroient a l'invitation qui leur estoit faitte; la reponse ne pût pas attendre, elle fust pour la negative, et ce magistrat eut be desagrement de scavoir une refus d'autant plus piquant pour luy que jusqu'à lors Mr. de Farcy avoit été un de ses disciples; mais qui malheureusement luy a tourné casaque et est aujourd'huy totalement devoué à sa Compagnie.
Mr. le Chancelier bientost instruit de l'arresté du Chatelet, crut qu'une exhortation de sa part à chacun des membres pourroit differer l'execution des arrestés; en consequence il envoya ses ordres le mercredy à chacun de Mrs. les conseillers pour se rendre chez luy le même jour. il eut l'addition nécessaire

4° 2 L. Serine 146 eu. (3)

en sorte qu'il séparat la Compagnie en deux; la première moitié fust introduite chez luy sur les 10 h. et l'autre sur les 4. heures; cette journée est bien digne de ce magistrat, il prit chacun de ces messieurs en particulier, et employa toute son éloquence pour leur faire sentir le tort qu'ils se faisoient en refusant d'obéir aux ordres du Roy; les menaces, les belles promesses tout fust par luy employé pour tâcher de les convertir; quelques uns se sont laissé prendre à l'amorçon, mais la plus grande partie tint toujours ferme et luy répondit qu'elles ne pouvoient passer le serment qu'elle avoit fait, et qu'elle croyoit manquer à son devoir si elle reconnoissoit la Chambre royalle. peu satisfait de leur reponse il les congedia ces messieurs leur faisant sentir qu'ils encouroient l'indignation du Roy et qu'ils s'en repentiroient en s'y et leur demandant.

Il est d'usage que la veille des quatre festes solemnelles de l'année le Parlement vient au Chatelet y tenir quelques plaidoiries et à cet effet y tenir seance, on s'attendoit que Mrs. de la Chambre Royalle viendroient en conséquence aujourd'huy au chatelet pour y faire les mêmes fonctions que le Parlement. mais soit la crainte d'être mal reçus, soit effectivement qu'ils ayent senti ne pas pouvoir faire cette démarche; ils ne se sont pas présentés, mais à leur place est venu Mr. de Rocquemont commandant du guet qui a signifié à Mrs. de Faucy, St. Morin, Marot du Soudray, Pelletier et 2. autres con.rs tous si chargés de diriger les representants une lettre de Cachet à chacun d'eux qui les interdit de leurs fonctions, et à la Compagnie en general des arrests du conseil qui casse et annulle tous leurs precedents arrêtés et leur enjoint de reconnoitre la Chambre Royalle pour chambre supérieure et d'executer ses arrêts. cette signiffication n'a pas produit un plus grand effet, et l'assemblée a été remise au samedy prochain lendemain des festes pour être déliberé sur les arrests du Conseil et de nouveau ordres donnés contre ces s/s conseillers, et contre Mr. du quesnet devoisins Lieutenant particulier dont le decret d'ajournement personnel a été converti en decret de prise de corps

Voyla, Monsieur, le detail exact de ce qui s'est passé cette semaine, je suis de tout mon cœur votre serviteur. T.
Dudanuoy au soir 22. 9bre 1759.

De Monsieur

Monsieur Boudelets directeur des
aydes
à S.t Germain en Laye

Je vous envoye, Monsieur, la feuille d'hyer
les nouvelles ecclesiastiques, les iteratives
remontrances du parlement de Rouen et les lettres
sur les remontrances du parlement de Paris dont je
vous ay promis la lecture par ma dernière;
Samedy dernier M.rs Picard du Chatelet reçurent
des lettres de cachet qui leur font deffenses de faire
aucunes representations, leur enjoint de reconnoître
la chambre Royalle, pour une chambre superieure
en conséquence de reconnoître ses arrets et de les executer
et notamment le dernier qui condamne un criminel à
être pendu; Sur ces lettres de cachet M.rs se sont
assemblés et ont arreté qu'il seroit fait registre
d'icelles pour en être fait usage
aux representations par eux ordonnées par leur dernier
arreté et l'assemblée a été continuée à hier qu'ils
se sont assemblés jusqu'à 4. heures du soir, je
n'ay encore vû personne qui ait pû m'en rexequi d'ent

passé dans cette assemblée; j'en scauray peut
être quelque chose aujourd'huy, et je vous en feray part
par ma lettre ordinaire;

cette dernière démarche de la Cour paroît bien
surprenante et contradictoire avec celles de le dors
des lundys precedent qui leur permettoient de faire des
representations; nous venons les scaisir de tout
cecy, cela nenous annonce qu'un nouvel orage; les
Mrs du Chatelet sont determinés selon le discours
public a quitter serieusement leurs fonctions et nous
en prendre l'arresté. /.

à Paris le 13. mars 1754.

Monsieur

Je vous rendis compte samedy dernier d'un arrest du Conseil qui avoit
été rendu la veille qui cassoit et annulloit la Sentence du Ch[atel]et qui avoit ordonné
l'Information contre le Curé de S[ain]t Nicolas ; malgré cet arrest qui avoit été
signifié à M[essieu]rs du Châtelet le samedy matin ; ils ne laisserent pas dans leur
assemblée du sixième jour de ce mois d'ajournement personnel led. Curé et d'assigner
pour être ouis son Vicaire et le porte Dieu de ditte paroisse ; cet acte de fermeté de
leur part a valu une lettre de cachet en vertu de laquelle M. Grandjean de la Foÿ
raporteur de ditte affaire a été mis à la Bastille avec le procureur poursuivant qui
se nomme Boindin et un arrest du Conseil que je vous envoye qui a passé au Sceau
de samedy dernier. Hier ils s'assemblerent au sujet de ce nouvel arrest et
de l'emprisonnement de leur Confrere ; j'ay été, dont je n'ai pas tout à fait la
teneur, porté qu'il seroit écrit à M. le Chancelier à ce sujet et qu'ils le service
resteroient à assembler jusqu'à la reponse sans cependant suspendre leurs fonctions.
je vous feray part de la suitte de cette affaire qui devient fort serieuse ; je
vous envoye la feuille d'hier avec les nouvelles nocturnes, que je vous prie
de m'en renvoyer apres que vous les aurez lues avec le memoire de M. Sauveur
que M. Perrin doit avoir, et le nÿ[?] presenté au Parlement de Toulouse
par led. Lafoste justre que je vous envoyai samedy dernier en avisant

Je ne vous envoye pas aujourd'huy vos boutons, car le marchand qui devoit me les apporter cematin n'est pas encore venu, mais je les mettray dans une petite queste de bonne qui doit m'envoyer demain et que je vous prie d'accepter ; j'avois l'honneur, par la même, prié mille assurances de respect à mad.e Follette. Je suis très parfaitement, Monsieur, votre très humble serviteur.

Arrêté du Chatelet
du 14. 7bre 1756.

Nous Comme Juges de Police devant toute notre attention à la sûreté des Citoyens, Nous ne Vacquerons à aucune affaire particulière qui pourroit nous distraire, pour nous donner tout entier à la tranquilité publique dans les circonstances présentes.

4° 2 de Seine 14624

(6)

qu'il vous
mm a plu

www.ingramcontent.com/pod-product-compliance
Lightning Source LLC
Chambersburg PA
CBHW061615040426
42450CB00010B/2491